Impressum
Verlag: BABADADA GmbH, Nedderfeld 112 , 22529 Hamburg
Geschäftsführer / Verlagsleitung: Harald Hof
Druck: Books on Demand GmbH, In de Tarpen 42, 22848 Norderstedt

Imprint
Publisher: BABADADA GmbH, Nedderfeld 112 , 22529 Hamburg, Germany
Managing Director / Publishing direction: Harald Hof
Print: Books on Demand GmbH, In de Tarpen 42, 22848 Norderstedt

בית ספר

школа

כיתה
класны пакой
חילק
дзяліць
186/2
לוח
дошка
школьны двор
מורה
настаўнік
נייר
папера
כתב
пісаць
עט
ручка
שולחן עבודה
пісьмовы стол
סרגל
лінейка
ספר
кніга
תלמיד
вучань

ילקוט

ранец

קלמר

пенал

עיפרון

просты аловак

מחדד

тачылка для алоўкаў

גומי מחיקה

гумка

חוברת סרטוט

альбом для малявання

סרטוט

малюнак

מברשת

пэндзлік

קופסת צבעים

фарбы

מספריים

нажніцы

דבק

клей

ספר תרגול

сшытак

שיעור בית

хатняе заданне

12

מספר

лік

2+2

חיבר

дадаваць

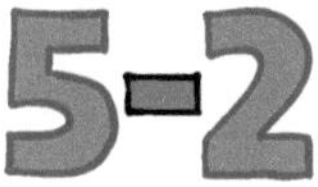

5-2

חיסר

адымаць

2×2

הכפיל

множыць

חישב

лічыць

A

אות

літара

ABCDEFG
HIJKLMN
OPQRSTU
VWXYZ

אלפבית

алфавіт

מילה

слова

טקסט

тэкст

קרא

чытаць

גיר

крэйда

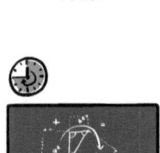

שיעור

ўрок

יומן נוכחות

класны журнал

מבחן

экзамен

תעודה

атэстат

תלבושת בית ספר

школьная форма

חינוך

адукацыя

אנציקלופדיה

энцыклапедыя

אוניברסיטה

універсітэт

מיקרוסקופ

мікраскоп

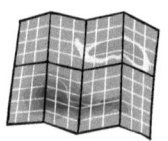

מפה

карта

סל נייר

смеццевы кошык

נסיעה

падарожжа

מלון
гатэль
הוסטל
хостэл
המרת מטבע
абменны пункт
מזוודה
чамадан
אוטו
аўтамабіль

שפה

мова

כן / לא

так / не

בסדר

добра

שלום

прывітанне!

מתרגם

перакладчык

תודה

дзякуй

‏כמה עולה.....?

Колькі каштуе....?

‏אני לא מבין

я не разумею

‏בעיה

праблема

‏ערב טוב!

Добры вечар!

‏בוקר טוב!

Добрай раніцы!

‏לילה טוב!

Дабранач!

‏להתראות

да пабачэння

‏כיוון

кірунак

‏כבודה

багаж

‏תיק

сумка

‏תרמיל גב

заплечнік

‏אורח

госць

‏חדר

пакой

‏שק שינה

спальны мяшок

‏אוהל

палатка

מרכז מידע לתיירים

нфармацыя для турыстаў

חוף ים

пляж

כרטיס אשראי

крэдытная картка

ארוחת בוקר

снеданне

ארוחת צהריים

абед

ארוחת ערב

вячэра

כרטיס

праязны білет

מעלית

ліфт

בול

паштовая марка

גבול

мяжа

מכס

мытня

שגרירות

пасольства

אשרה

віза

דרכון

пашпарт

תחבורה

транспарт

מטוס
самалёт
אונייה
карабель
כבאית
пажарная машына
אוטובוס
аўтобус
משאית
грузавік
סירת מנוע
маторная лодка
אופניים
ровар
אוטו
аўтамабіль

מעבורת

паром

סירה

лодка

אופנוע

матацыкл

ניידת משטרה

паліцэйская машына

מכונית מרוץ

гоначны аўтамабіль

רכב שכור

арэндаваны аўтамабіль

מכוניות בשיתוף

сумеснае карыстанне
аўтамабілем

אוטו גרר

эвакуатар

משאית זבל

смеццявоз

מנוע

матор

דלק

паліва

תחנת דלק

запраўка

תמרור

дарожны знак

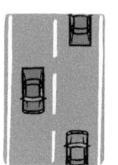

תנועה

дарожны рух

פקק תנועה

затор

חניה

паркоўка

תחנת רכבת

чыгуначная станцыя

פסי רכבת

рэйкі

רכבת

цягнік

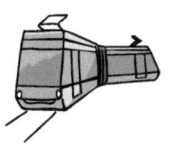

רכבת קלה

трамвай

קרון

вагон

מסוק

верталёт

שדה-תעופה

аэрапорт

מגדל

вежа

נוסע

пасажыр

קונטיינר

кантэйнер

קרטון

кардонная скрыня

עגלה

тачка

סל

карзіна

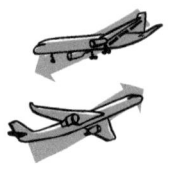

המראה / נחיתה

ўзлятаць / прызямляцца

עיר

горад

כפר

вёска

מרכז העיר

цэнтр горада

בית

дом

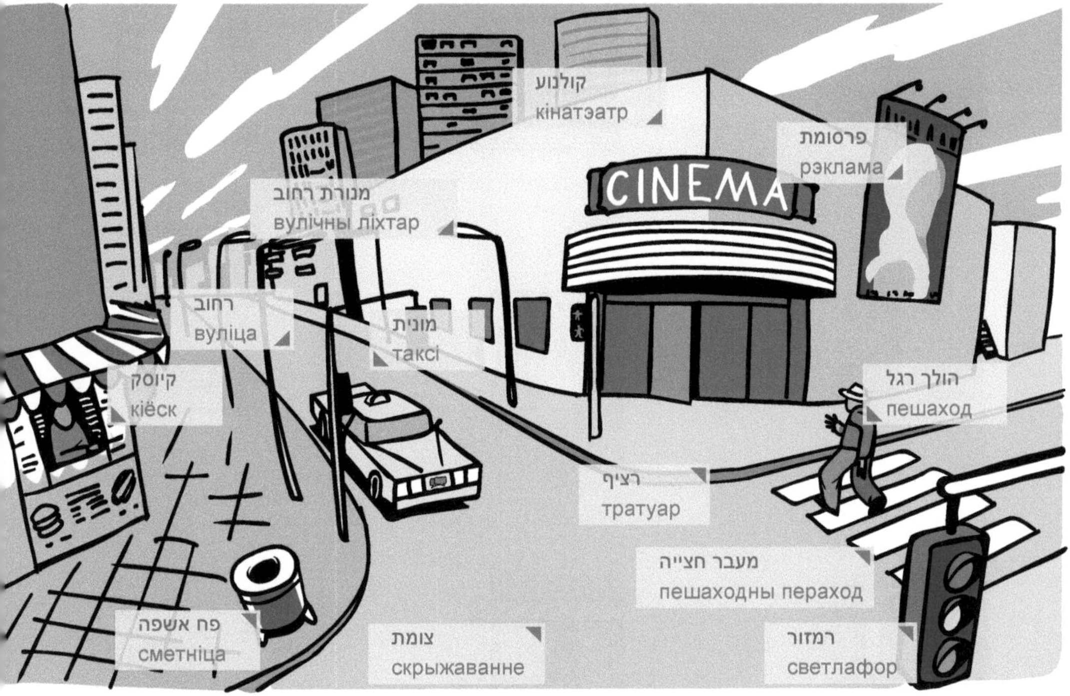
קולנוע
кінатэатр
פרסומת
рэклама
מנורת רחוב
вулічны ліхтар
רחוב
вуліца
מונית
таксі
קיוסק
кіёск
הולך רגל
пешаход
רציף
тратуар
מעבר חצייה
пешаходны пераход
פח אשפה
сметніца
צומת
скрыжаванне
רמזור
светлафор
CINEMA

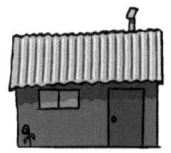

בקתה

халупа

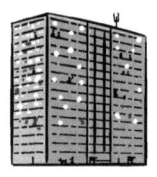

דירה

кватэра

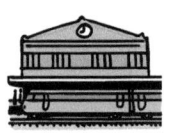

תחנת רכבת

чыгуначная станцыя

עירייה

ратуша

MUSEUM

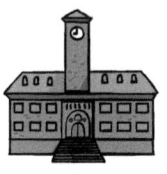

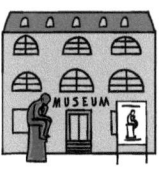

מוזיאון

музей

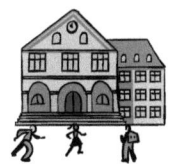

בית ספר

школа

אוניברסיטה

універсітэт

בנק

банк

בית חולים

шпіталь

מלון

гатэль

בית מרקחת

аптэка

משרד

офіс

חנות ספרים

кнігарня

חנות

крама

חנות פרחים

кветкавая крама

סופרמרקט

супермаркет

שוק

кірмаш

כל-בו

універмаг

מוכר דגים

рыбная крама

קניון

гандлевы цэнтр

נמל

порт

פארק

парк

ספסל

лава

גשר

мост

מדרגות

лесвіца

רכבת תחתית

метро

מנהרה

тунэль

תחנת אוטובוס

прыпынак

בר

бар

מסעדה

рэстаран

תא דואר

паштовая скрыня

שלט רחוב

вулічны паказальнік

מדחן

паркамат

גן חיות

заапарк

בריכת שחיה

басейн

מסגד

мячэць

חווה
сядзіба

זיהום
забруджванне
навакольнага асяроддзя

בית עלמין
могілкі

כנסייה
царква

מגרש משחקים
пляцоўка для гульні

בית מקדש
храм

נוף

краявід

עלה
ліст

תמרור
паказальнік

דרך
дарога

מרעה
луг

אבן
камень

עץ
дрэва

מטייל
падарожнік

נהר
рака

דשא
трава

פרח
кветка

בקעה

даліна

הר

гара

אגם

возера

יער

лес

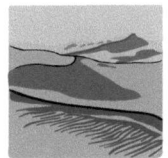

מדבר

пустыня

הר געש

вулкан

טירה

замак

קשת בענן

вясёлка

פטריה

грыб

דקל

пальма

יתוש

камар

זבוב

муха

נמלה

мурашка

דבורה

пчала

עכביש

павук

חיפושית

жук

צפרדע

жаба

סנאי

вавёрка

קיפוד

вожык

ארנב

заяц

ינשוף

сава

ציפור

птушка

ברבור

лебедзь

חזיר בר

дзік

צבי

алень

אייל הקורא

лось

סכר

плаціна

טורבינת רוח

вятрак

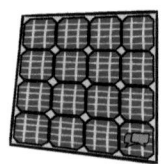

פנל סולארי

сонечная батарэя

אקלים

клімат

מסעדה

рэстаран

מלצר
афіцыянт
תפריט
меню
כסא
крэсла
מרק
суп
פיצה
піца
סכו"ם
сталовыя прыборы
מפת שולחן
абрус

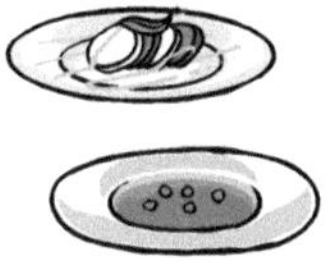

מנת פתיחה

закуска

מנה עיקרית

другая страва

קינוח

дэсерт

שתיות

напоі

אוכל

ежа

בקבוק

бутэлька

מזון מהיר

хуткае харчаванне (фаст-фуд)

אוכל רחוב

стрыт-фуд

קנקן תה

імбрык (чайнік)

מסכרת

цукарніца

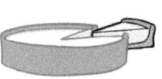

מנה

порцыя

מכונת אספרסו

эспрэса-машына

כסא תינוק

дзіцячае крэселка

חשבון

рахунак

מגש

паднос

סכין

нож

מזלג

відэлец

כף

лыжка

כפית

чайная лыжка

מפית

сурвэтка

כוס

шклянка

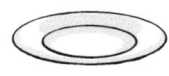

צלחת

талерка

קערת מרק

супавая талерка

תחתית

сподак

רוטב

соус

מלחייה

сальніца

מטחנת פלפל

млынок для перцу

חומץ

воцат

שמן

алей

תבלינים

спецыі

קטשופ

кетчуп

חרדל

гарчыца

מיונז

маянэз

סופרמרקט

супермаркет

מבצע
акцыя
FOR
לקוח
пакупнік
מוצרי חלב
малочныя прадукты
פירות
садавіна
עגלת קניות
вазок

אטליז

мясная крама

מאפייה

хлебны магазін

שקל

важыць

ירקות

гароднiна

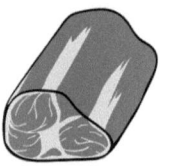

בשר

мяса

מזון קפוא

свежазамарожаныя прадукты

בשר קר
......
нарэзка

שימורים
......
кансервы

אבקת כביסה
......
пральны парашок

ממתקים
......
прысмакі

מוצרי בית
......
хатнія прылады

חומר ניקוי
......
чысцячы сродак

מוכרת
......
прадавец

קופה
......
каса

קופאי
......
касір

רשימת קניות
......
спіс пакупак

שעות פתיחה
......
гадзіны працы

ארנק
......
бумажнік

כרטיס אשראי
......
крэдытная картка

תיק
......
сумка

שקית ניילון
......
пакет

שתיות

напоі

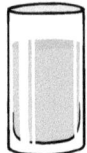

מים
········
вада

מיץ
········
сок

חלב
········
малако

קולה
········
кола

יין
········
віно

בירה
········
піва

אלכוהול
········
алкаголь

קקאו
········
какава

תה
········
гарбата (чай)

קפה
········
кава

אספרסו
········
эспрэса

קפוצ'ינו
········
капучына

בננה

банан

תפוח

яблык

תפוז

апельсін

אבטיח

дыня

לימון

лімон

גזר

морква

שום

часнок

במבוק

бамбук

בצל

цыбуля

פטריות

грыб

אגוזים

арэхі

אטריות

локшына

ספגטי

спагеці

אורז

рыс

סלט

салата

צ'יפס

бульба фры

צ'יפס

смажаная бульба

פיצה

піца

המבורגר

гамбургер

כריך

бутэрброд

שניצל

шніцаль

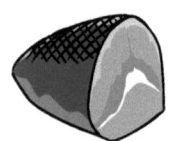

שינקין

вяндліна

סלאמי

салямі

נקניקיה

каўбаса

עוף

курыца

טיגון

смажаніна

דג

рыбак

שיבולת שועל

аўсяныя камякі

מוזלי

мюслі

קורנפלקס

кукурузныя шматкі

קמח

мука

קרואסון

круасан

לחמנייה

булачка

לחם

хлеб

טוסט

тост

עוגיות

пячэнне

חמאה

масла

גבינה לבנה

тварог

עוגה

пірог

ביצה

яйка

ביצת עין

яечня

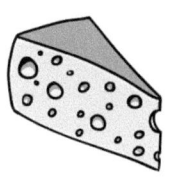

גבינה

сыр

גלידה

марожанае

סוכר

цукар

דבש

мёд

ריבה

варэнне

ממרח נוגט

нуга

קארי

кары

חווה

сядзіба

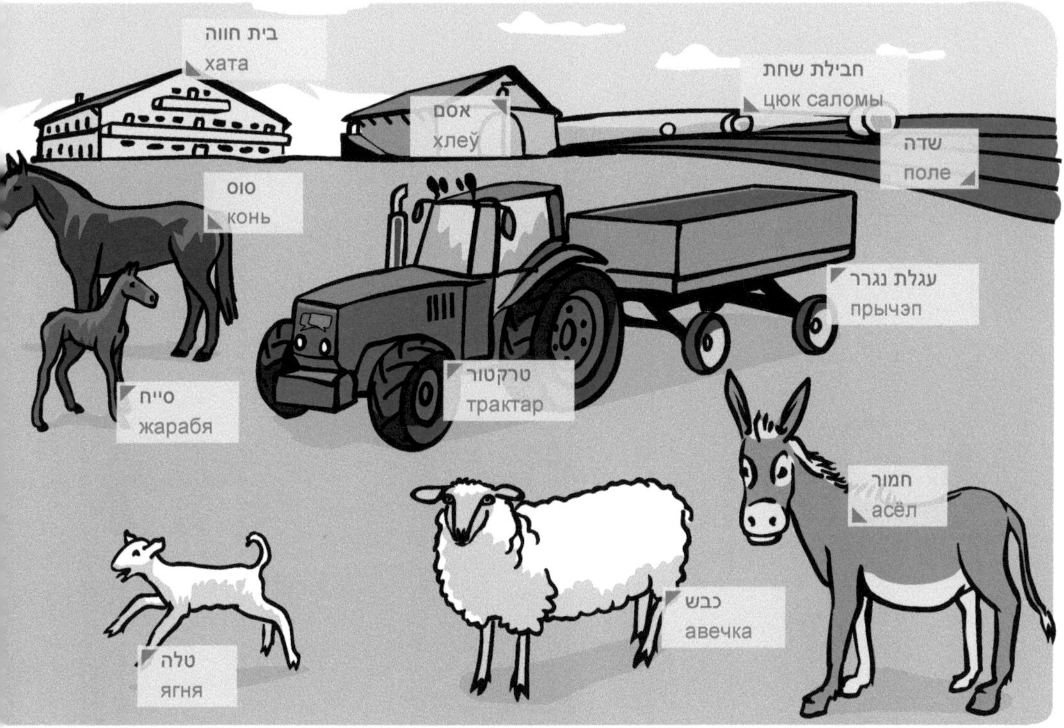

בית חווה
хата
חבילת שחת
цюк саломы
אסם
хлеў
שדה
поле
סוס
конь
עגלת נגרר
прычэп
טרקטור
трактар
סייח
жарабя
חמור
асёл
כבש
авечка
טלה
ягня

עז

казa

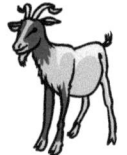

פרה

карова

עגל

цяля

חזיר

свінпя

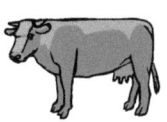

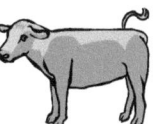

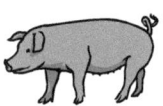

חזרזיר

парася

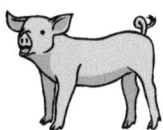

שור

бык

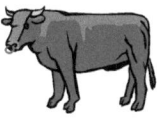

אווז
....
гусак

ברווז
....
качка

אפרוח
....
кураня

תרנגולת
....
курыца

תרנגול
....
певень

חולדה
....
пацук

חתול
....
кот

עכבר
....
мыш

שור
....
вол

כלב
....
сабака

מלונה
....
сабачая будка

צינור השקיה
....
садовы шланг

קנקן מים
....
палівачка

חרמש
....
каса

מחרשה
....
плуг

מגל

серп

מגרפה

матыка

קלשון

вілы для гною

גרזן

сякера

מריצה

тачка

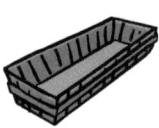

שוקת

карыта

כד חלב

бітон для малака

שק

мех

גדר

плот

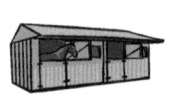

אורווה

хлеў

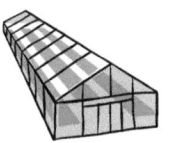

חממה

цяпліца

אדמה

глеба

זרע

насенне

דשן

угнаенне

מקצרה

камбайн

קצר

збіраць ураджай

קציר

ураджай

בטטה אפריקנית

ямс

חיטה

пшаніца

סויה

соя

תפוח אדמה

бульба

תירס

кукуруза

קנולה

рапс

עץ פירות

садовае дрэва

קסבה

маніёк

דגנים

збожжа

בית

дом

ארובה
комін
גג
дах
מרזב
вадасцёк
חלון
акно
מוסך
гараж
פעמון
званок
דלת
дзверы
פח אשפה
вядро для смецця
תיבת מכתבים
паштовая скрыня
גינה
сад

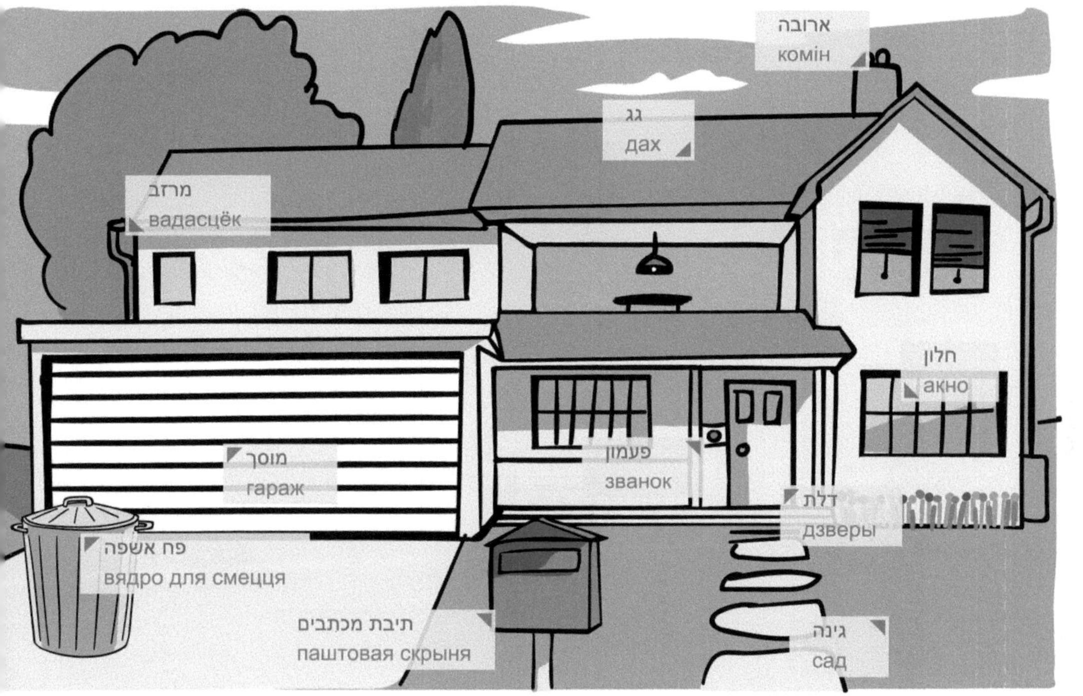

סלון

жылы пакой

חדר אמבטיה

ванная

מטבח

кухня

חדר שינה

спальны пакой

חדר ילדים

дзіцячы пакой

חדר אוכל

сталоўка

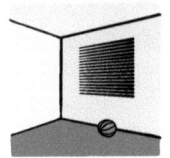

רצפה

падлога

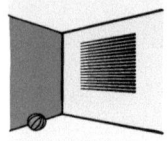

קיר

сцяна

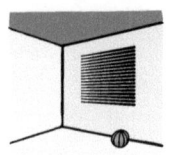

תקרה

столь

מרתף

падвал

סאונה

саўна

מרפסת

балкон

מרפסת

тэраса

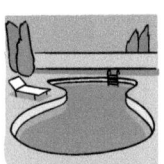

בריכה

басейн

מכסחת דשא

касілка

סדין

падкоўдранік

כיסוי מיטה

коўдра

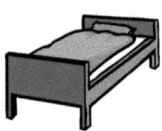

מיטה

ложак

מטאטא

венік

דלי

вядро

מפסק

выключальнік

סלון

жылы пакой

טפט
шпалеры
תמונה
малюнак
מנורה
лямпа
מדף
паліца
ארון
шафа
טלוויזיה
тэлевізар
אח
камін
פרח
кветка
כרית
падушка
ספה
канапа
אגרטל
ваза
שלט רחוק
пульт

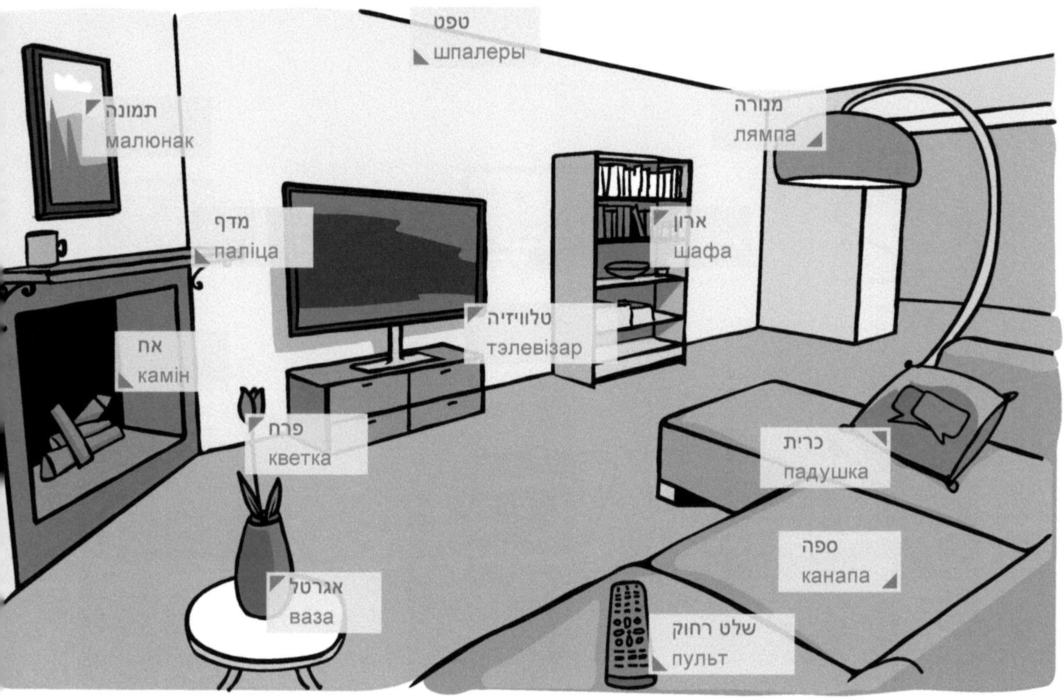

שטיח

дыван

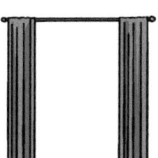

וילון

фіранка

שולחן

стол

כסא

крэсла

כיסא נדנדה

крэсла-качалка

כורסה

крэсла

ספר

кніга

שמיכה

коўдра

דקורציה

дэкарацыя

עצי הסקה

дровы

סרט

кіно

מערכת סטריאו

стэрэасістэма

מפתח

ключ

עיתון

газета

ציור

карціна

פוסטר

постар

רדיו

радыё

מחברת

нататнік

שואב אבק

пыласос

קקטוס

кактус

נר

свечка

מטבח

кухня

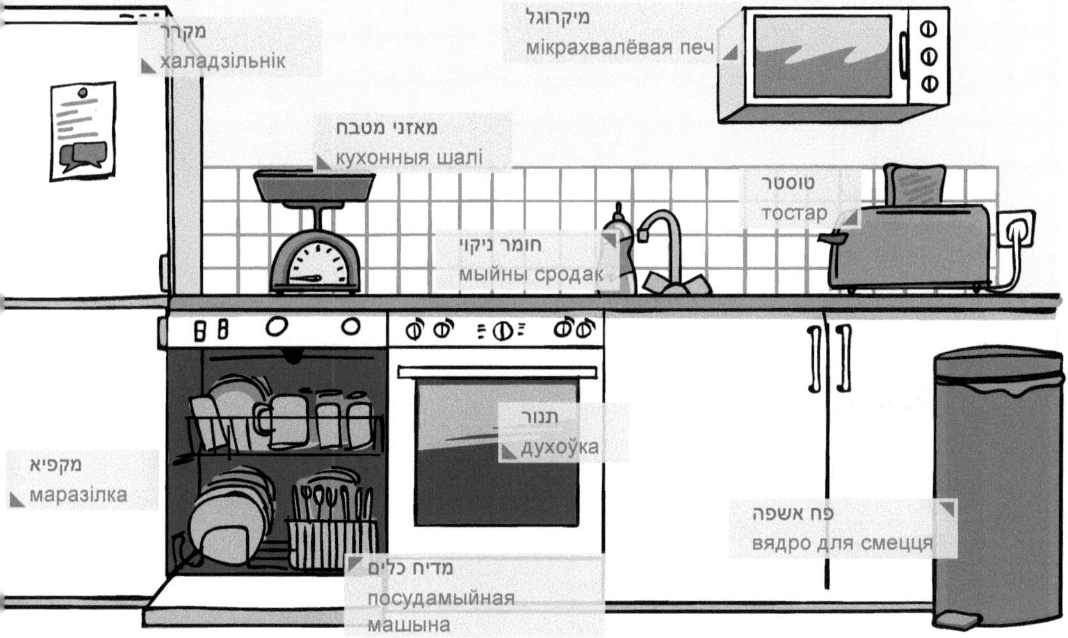
מקרר
халадзільнік
מיקרוגל
мікрахвалёвая печ
מאזני מטבח
кухонныя шалі
טוסטר
тостар
חומר ניקוי
мыйны сродак
תנור
духоўка
מקפיא
маразілка
פח אשפה
вядро для смецця
מדיח כלים
посудамыйная машына

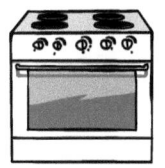

תנור

плíта

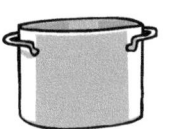

סיר

рондаль

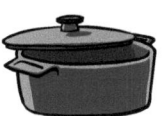

סיר ברזל

чыгунок

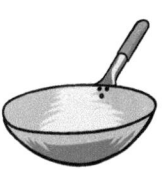

ווק

Вок / кадаі

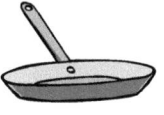

מחבת

патэльня

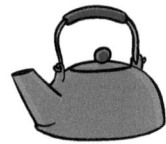

קומקום חשמלי

чайнік

מאדה

параварка

מגש אפייה

бляха

כלי אוכל

посуд

ספל

кубак

קערה

міска

צ'ופסטיקס

палачкі для ежы

מצקת

чарпак

מרית

лапатачка

מטרפה

збівалка

מסננת בישול

сіта для варэння

מסננת

сіта

מגרדת

тарка

מכתש

ступка

גריל

грыль

מדורה

вогнішча

קרש חיתוך

дошка

מערוך

качалка

פותחן פקקים

штопар

פחית

бляшанка

פותחן קופסאות

адкрывалка

מטלית

прыхваткі

כיור

ракавіна

מברשת

шчотка

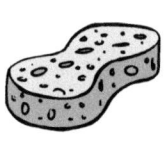

ספוג

губка

בלנדר

міксер

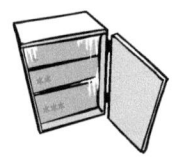

מקפיא

маразільная камера

בקבוק לתינוק

бутэлечка

ברז

вадаправодны кран

חדר אמבטיה

ванная

מקלחת
душ
חימום
ручнiковы сушыцель
מגבת
ручнiк
וילון מקלחת
штора для душа
אמבטיית קצף
пенная ванна
אמבטיה
ванна
כוס
шклянка
מכונת כביסה
мыйная машына
ברז
вадаправодны кран
אריחים
סיר לילה
начны гаршчок
כיור
ракавiна

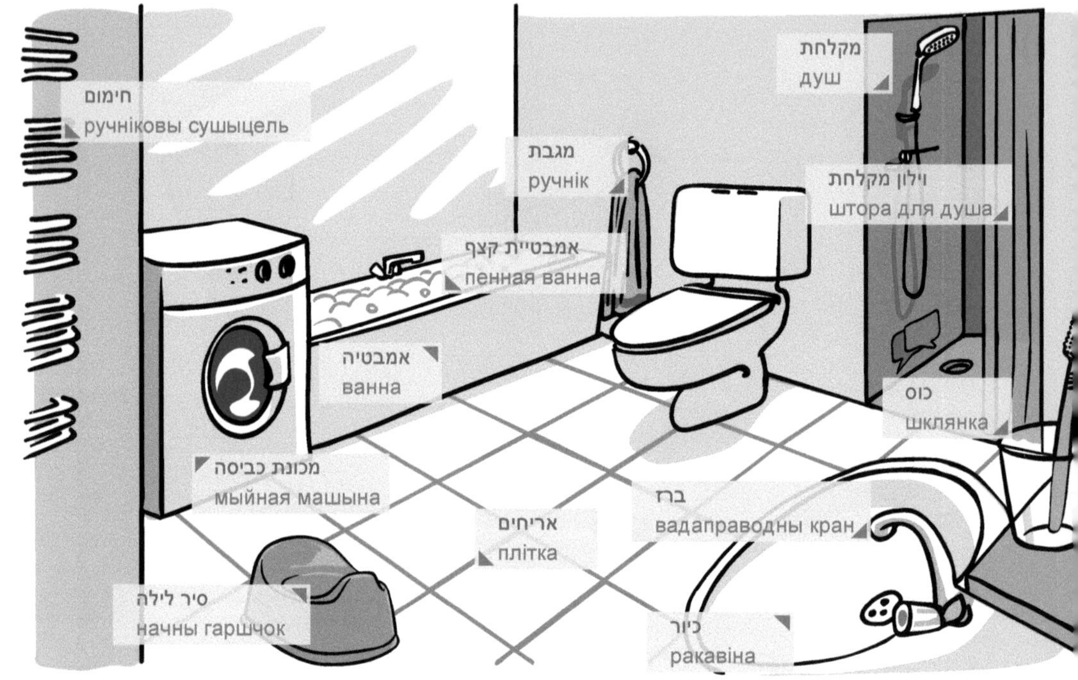

אסלה

туалет

אסלת כריעה

падлогавы ўнiтаз

בידה

бiдэ

משתנה

пiсуар

נייר טואלט

туалетная папера

מברשת אסלה

шчотка для чысткi ўнiтаза

מברשת שיניים

зубная шчотка

משחת שיניים

зубная паста

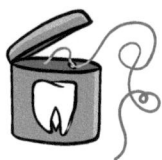

חוט דנטלי

зубная нітка

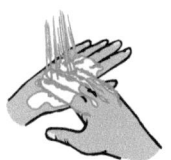

שטף

мыць

מקלחת יד

ручны душ

צינור שטיפה לשירותים

інтымны душ

קערת רחצה

умывальнік

מברשת גב

шчотка для спіны

סבון

мыла

ג'ל רחצה

гель для душа

שמפו

шампунь

ליפה

вяхотка

ניקוז

вадасцёк

קרם

крэм

דיאודורנט

дэзадарант

מראה

люстэрка

מראת יד

касметычнае люстэрка

סכין גילוח

станок для галення

קצף גילוח

пена для галення

אפטרשייב

ласьён пасля галення

מסרק

грэбень

מברשת

шчотка

מייבש שיער

фен

ספריי לשיער

лак для валасоў

איפור

касметыка

שפתון

памада

לק

лак для пазногцяў

צמר גפן

вата

מספריים לציפורניים

манікюрныя нажніцы

בושם

духі

תיק כלי רחצה

касметычка

שרפרף

табурэтка

משקל

вагі

חלוק רחצה

лазневы халат

כפפות גומי

санітарныя пальчаткі

טמפון

тампон

תחבושת סניטרית

гігіенічныя пракладкі

שירותים כימיקליים

біятуалет

חדר ילדים
дзіцячы пакой

שעון מעורר
будзільнік
צעצוע חיבוק
мяккая цацка
מכונית צעצוע
цацачная машынка
רעשן
бразготка
בית בובות
лялечны домік
מתנה
падарунак

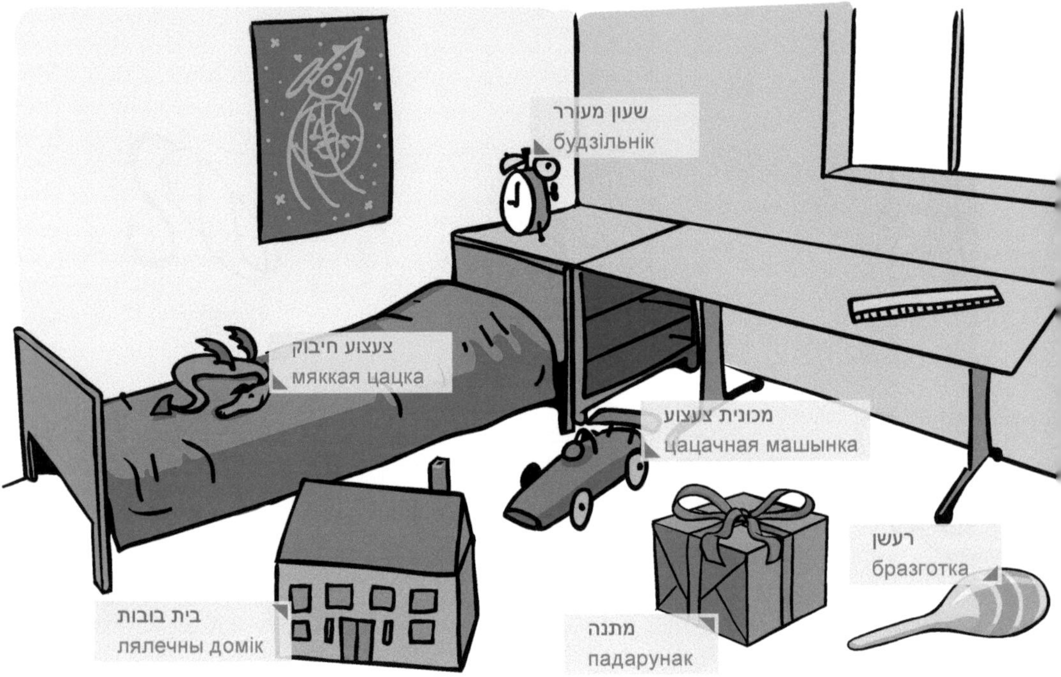

בלון
....
надзіманы шарык

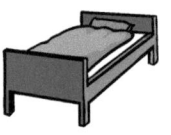

מיטה
....
ложак

עגלה
....
дзіцячая каляска

משחק קלפים
....
калода картаў

פאזל
....
пазл

קומיקס
....
комікс

לגו

канструктар "Лега"

קוביות משחק

канструктар

דמות משחק

экшэн-фігурка

סרבל תינוקות

дзіцячы гарнітур

פריזבי

фрызбі

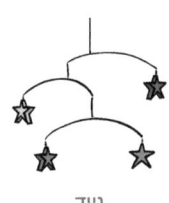

נייד

дзіцячы мабіль

משחק לוח

настольная гульня

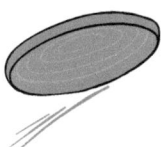

קוביה

кубік

רכבת צעצוע

дзіцячая чыгунка

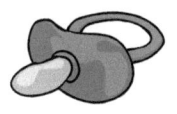

מוצץ

пустышка

מסיבה

дзіцячае свята

אלבום תמונות

кніга з малюнкамі

כדור

мячык

בובה

лялька

שיחק

гуляцца

ארגז חול

пясочніца

נדנדה

арэлі

צעצועים

цацкі

קונסולת משחקים

гульнявая відэа прыстаўка

אופניים תלת גלגלי

трохколавы ровар

דובון

плюшавы мішка

ארון בגדים

шафа

בגדים

адзенне

גרביים

шкарпэткі

גרביונים

панчохі

גרביון

калготкі

צעיף
шалік

מטריה
парасон

חולצת טי
цішотка

חגורה
рамень

נעלי ספורט
красоўкі

מגפיים
боты

נעלי בית
пантоплі

סנדלים

....

сандалі

נעליים

....

абутак

מגפי גומי

....

гумовыя боты

תחתונים

....

трусы

חזייה

....

бюстгальтар

וסט

....

майка

גוף

бодзі

מכנסיים

штаны

ג'ינס

джынсы

חצאית

спадніца

חולצה מכופתרת

блузка

חולצה

кашуля

אפודה

джэмпер

סווצ'ר עם קפוצ'ון

талстоўка

בלייזר

блэйзер

ז'קט

куртка

מעיל

паліто

מעיל גשם

дажджавік

תלבושת

касцюм

שמלה

сукенка

שמלת כלה

вясельная сукенка

חליפה

касцюм

כותונת לילה

начная сарочка

פיג'מה

піжама

סארי

сары

מטפחת ראש

хустка

טורבן

цюрбан

בורקה

паранджа

קאפטן

каптан

עבאיה

Абая

בגד ים

купальнік

בגד ים

плаўкі

מכנסיים קצרים

шорты

בגד אימון

спартыўны касцюм

סינר

фартух

כפפות

пальчаткі

כפתור

гузік

משקפיים

акуляры

צמיד יד

бранзалет

שרשרת

каралі

טבעת

кальцо

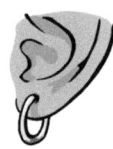

עגיל

завушніца

כובע

кепка

קולב

вешалка

כובע

капялюш

עניבה

гальштук

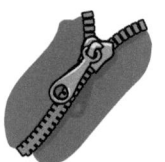

רוכסן

маланка

קסדה

шлем

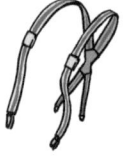

כתפיות

падцяжкі

תלבושת בית ספר

школьная форма

מדים

уніформа

מפית אוכל

нагруднік

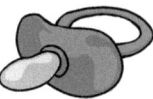

מוצץ

пустышка

חיתול

падгузнік

משרד

офіс

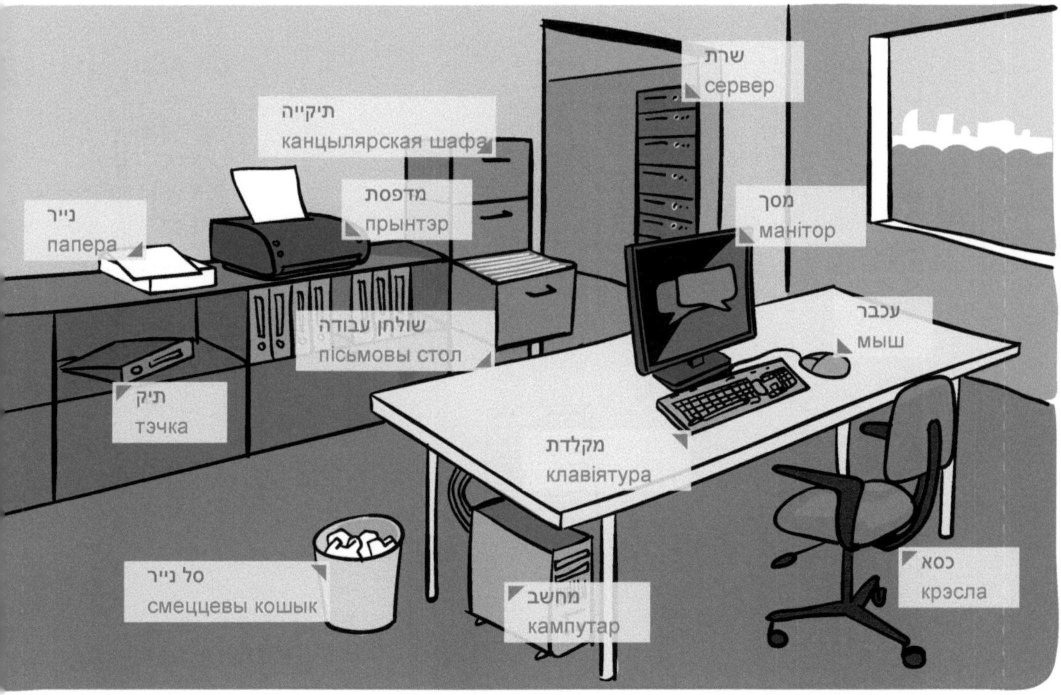

שרת
сервер

תיקייה
канцылярская шафа

מדפסת
прынтэр

נייר
папера

מסך
манітор

שולחן עבודה
пісьмовы стол

עכבר
мыш

תיק
тэчка

מקלדת
клавіятура

סל נייר
смеццевы кошык

מחשב
кампутар

כסא
крэсла

ספל קפה

бак для кавы (філіжанка)

מחשבון

калькулятар

אינטרנט

інтэрнэт

מחשב נייד

ноўтбук

מכתב

ліст

הודעה

паведамленне

נייד

мабільны тэлефон

רשת

сетка

מכונת צילום

ксеракс

תוכנה

праграмнае забеспячэнне

טלפון

тэлефон

שקע

разетка

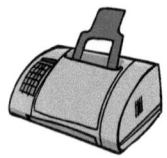

פקס

факс

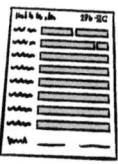

טופס

фармуляр

מסמך

дакумент

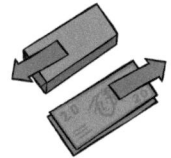

קנה
....
купляць

שילם
....
плаціць

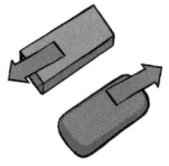

סחר
....
гандляваць

כסף
....
грошы

דולר
....
долар

יורו
....
еўра

י'ן
....
ена

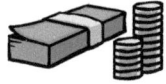

רובל
....
рубель

פרנק שווייצרי
....
франк

יואן רנמינבי
....
кітайскі юань

רופי
....
рупія

כספומט
....
банкамат

המרת מטבע
....
абменны пункт

זהב
....
золата

כסף
....
срэбра

נפט
....
нафта

אנרגיה
....
энергія

מחיר
....
цана

חוזה
....
кантракт

מס
....
падатак

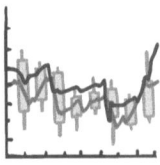

מנייה
....
акцыя

עבד
....
працаваць

עובד
....
служачы

מעסיק
....
працадаўца

מפעל
....
фабрыка

חנות
....
крама

מקצועות
прафесіі

שוטר
כבאי
пажарны
טבח
кухар
רופא
доктар
טייס
пілот

גנן

садоўнік

נגר

слесар

תופרת

швачка

שופט

суддзя

כימאי

хімік

שחקן

артыст

נהג אוטובוס

кіроўца аўтобуса

נהג מונית

таксіст

דייג

рыбак

עובדת נקיון

прыбіральшчыца

מתקן גגות

страхар

מלצר

афіцыянт

צייד

паляўнічы

צייר

мастак

אופה

пекар

חשמלאי

электрык

עובד בניין

будаўнік

מהנדס

інжынер

קצב

мяснік

אינסטלטור

сантэхнік

דוור

паштальён

חייל

салдат

אדריכל

архітэктар

קופאי

касір

מוכר פרחים

фларыст

ספר

цырульнік

כרטיסן

кандуктар

מכונאי

механік

קברניט

капітан

רופא שיניים

стаматолаг

מדען

вучоны

רב

рабін

אימאם

імам

נזיר

манах

כומר

святар

מקצועות - прафесіі

כלי עבודה
інструменты

צבת
пласкагубцы
פטיש
малаток
מברג
адвёртка
פנס
ліхтарык
מפתח ברגים
гаечны ключ

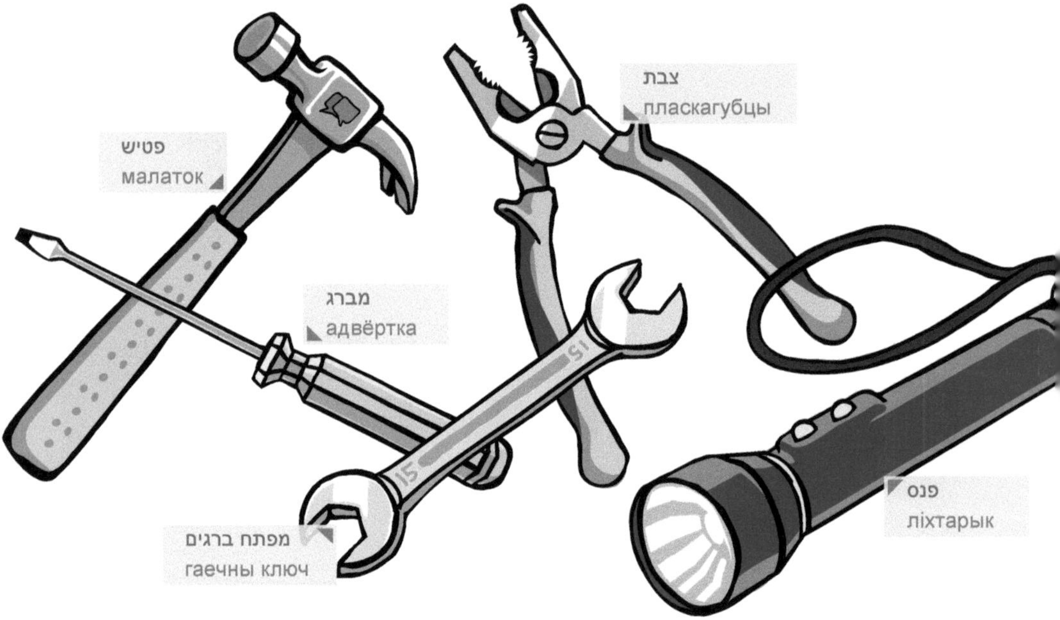

דחפור

экскаватар

ארגז כלים

скрыня для інструментаў

סולם

дравіны

מסור

піла

מסמרים

цвікі

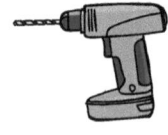

מקדחה

дрыль

תיקן

рамантаваць

את חפירה

рыдлеўка

לעזאזל!

Халера!

יעה

шуфлік для смецця

פח צבע

вядро з фарбаю

ברגים

балты

כלי נגינה

музычныя інструменты

רמקול
калонкі
מערכת תופים
ударны інструмент
גיטרה
гітара
קונטראבס
кантрабас
חצוצרה
труба

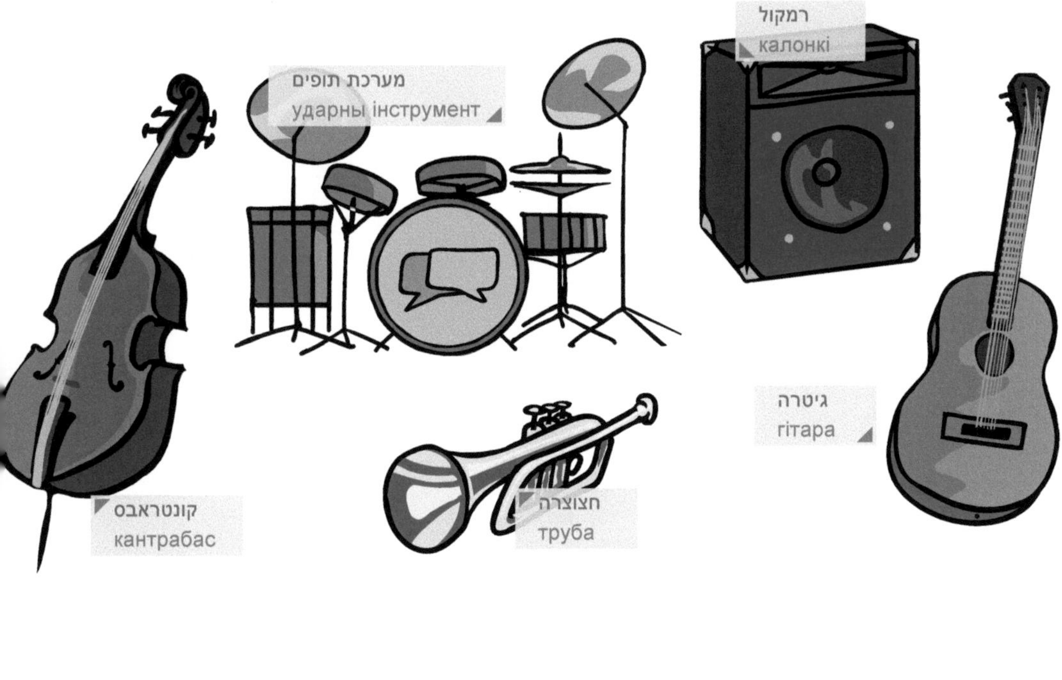

פסנתר

піяніна

כינור

скрыпка

בס

басгітара

תוף הדוד

літаўры

תופים

барабан

מקלדת פסנתר

клавішны электрамузычны інструмент

סקסופון

саксафон

חליל

флейта

מיקרופון

мікрафон

גן חיות

заапарк

נמר
тыгр
כניסה
כלוב
клетка
זברה
зебра
מזון לחיות
корм для жывёл
פנדה
панда

בעלי חיים

жывёлы

פיל

слон

קנגרו

кенгуру

קרנף

насарог

גורילה

гарыла

דוב

мядзведзь

גמל

вярблюд

יען

стравус

אריה

леў

קוף

малпа

פלמינגו

фламінга

תוכי

папугай

דוב הקרח

белы мядзведзь

פינגווין

пінгвін

כריש

акула

טווס

паўлін

נחש

змяя

תנין

кракадзіл

שומר גן החיות

наглядчык заапарка

כלב ים

цюлень

יגואר

ягуар

סוס פוני

поні

לאופרד

леапард

היפופוטאם

бегемот

ג'ירפה

жыраф

נשר

арол

חזיר בר

дзік

דג

рыбак

צב

чарапаха

סוס ים

морж

שועל

ліса

איילה

газель

ספורט

спорт

פוטבול אמריקאי
амерыканскі футбол
רכיבת אופניים
веласпорт
טניס
тэніс
כדורסל
баскетбол
שחיה
плаванне
אגרוף
бокс
הוקי
хакей з шайбай

כדורגל

футбол

בדמינטון

бадмінтон

אתלטיקה

лёгкая атлетыка

כדור-יד

гандбол

עשה סקי

горныя лыжы

פולו

пола

פעילויות

дзейнасць

צחק
смяяцца
קפץ
скакаць
חיבק
абдымаць
הלך
ісці
שר
спяваць
חלם
марыць
התפלל
маліцца
נשק
цалаваць

כתב

пісаць

צייר

маляваць

הראה

паказваць

דחף

націснуць

נתן

даваць

לקח

браць

היה

быць

עשה

выконваць

יש / להיות הבעלים

маць

משך

цягнуць

רץ

бегчы

עמד

стаяць

שכב

ляжаць

נפל

падаць

זרק

кідаць

ישב

сядзець

סחב

насіць

חיכה

чакаць

התעורר

прачынацца

ישן

спаць

התלבש

апранацца

הסתכל ב-

глядзець

בכה

плакаць

ליטף

лашчыць

סירק

прычэсвацца

דיבר

гаварыць

הבין

разумець

שאל

пытаць

שמע

чуць

שתה

піць

אכל

есці

סידר

прыбіраць

אהב

кахаць

בישל

гатаваць

נהג

ехаць

עף

лятаць

שט

плаваць пад ветразем

חישב

лічыць

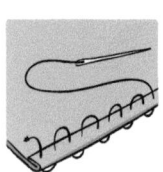

קרא

чытаць

למד

вучыць

עבד

працаваць

התחתן

уступаць у шлюб

תפר

шыць

ציחצח שיניים

чысціць зубы

הרג

забіваць

עישן

курыць

שלח

пасылаць

משפחה

сям'я

סבתא
бабуля
סבא
дзядуля
אבא
бацька
אימא
маці
תינוק
дзіця
בת
дачка
בן
сын

אורח

госць

דודה

цётка

דוד

дзядзька

אח

брат

אחות

сястра

גוף

цела

מצח
עין
вока
כתף
плячо
אצבע
палец
פנים
твар
סנטר
падбародак
כף יד
рука
חזה
грудзі
רגל
нага
זרוע
рука

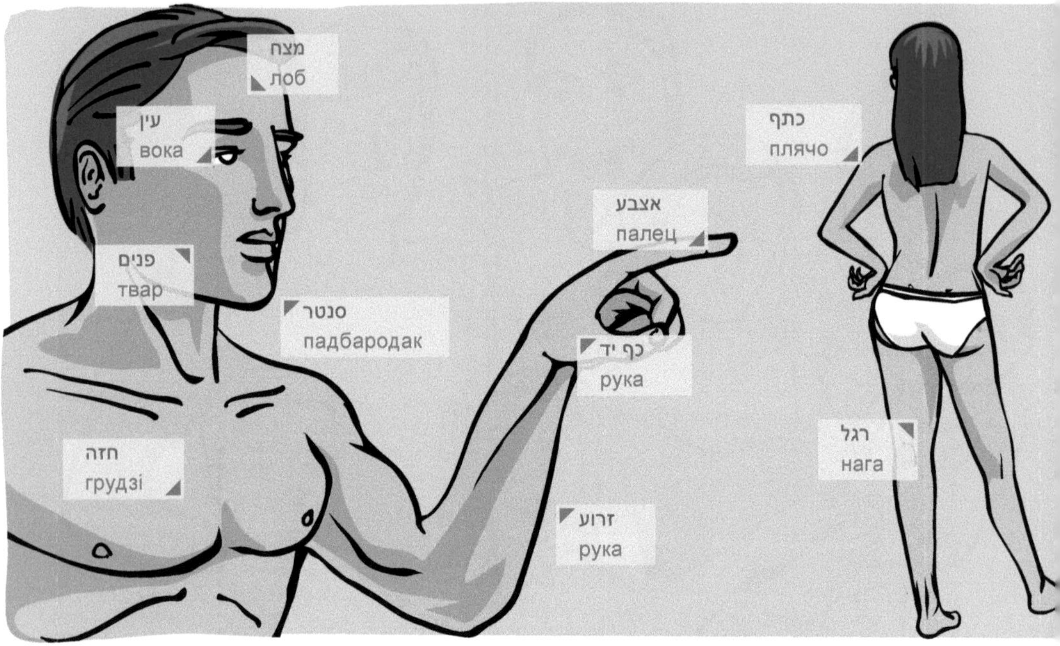

תינוק

дзіця

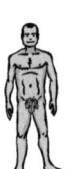

איש

мужчына

אישה

жанчына

ילדה

дзяўчынка

ילד

хлопчык

ראש

галава

גב

спіна

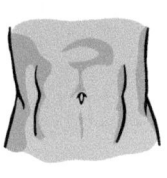

בטן

жывот

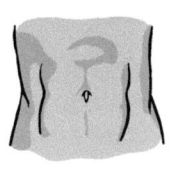

טבור

пуп

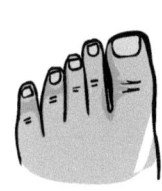

אצבע

палец нагі

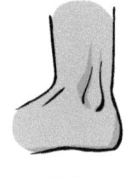

עקב

пятка

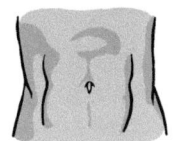

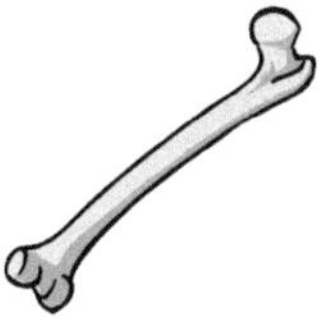

עצם

костка

ירך

бядро

ברך

калена

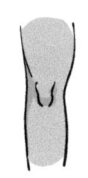

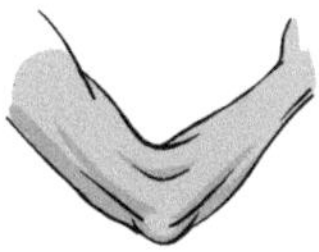

מרפק

локаць

אף

нос

עכוז

ягадзіца

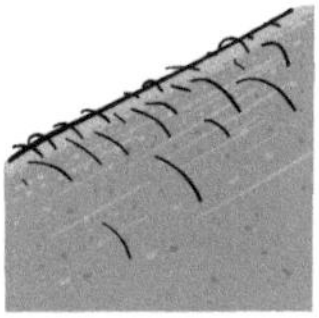

עור

скура

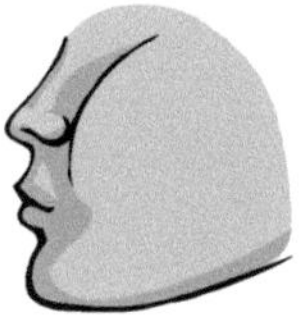

לחי

шчака

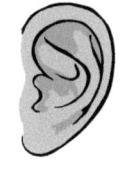

אוזן

вуха

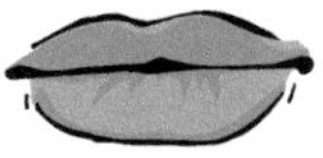

שפתיים

губа

פה

рот

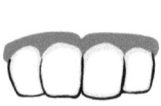

שן

зуб

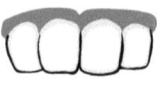

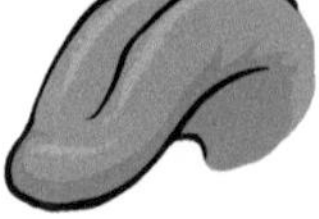

לשון

язык

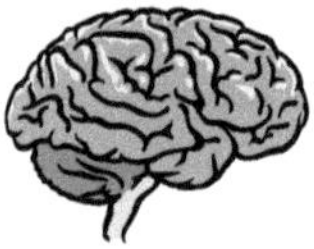

מוח

галаўны мозг

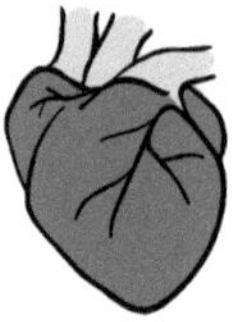

לב

сэрца

שריר

мышца

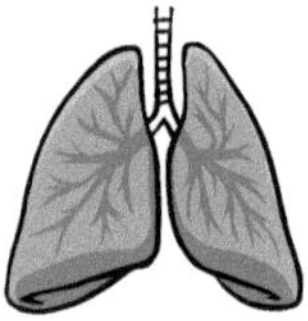

ריאה

лёгкае

כבד

пячонка

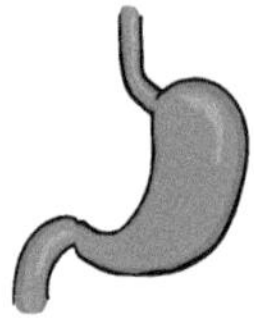

קיבה

страўнік

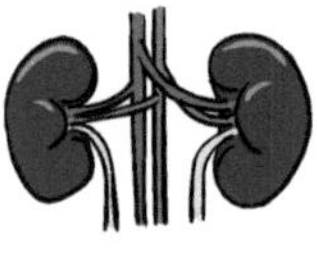

כליות

ныркі

מין

сэкс

קונדום

прэзерватыў

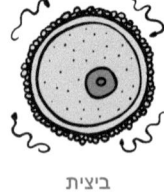

ביצית

яйцаклетка

זרע

сперма

הריון

цяжарнасць

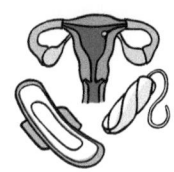

וסת
....
менструацыя

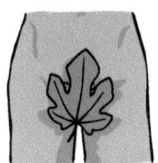

נרתיק
....
похва

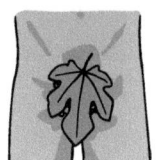

פין
....
пеніс

גבה
....
брыво

שיער
....
валасы

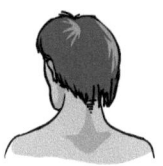

צוואר
....
шыя

בית חולים
шпіталь

шпіталь
אמבולנס
машына хуткай дапамогі
כיסא גלגלים
інваліднае крэсла
שבר
пералом

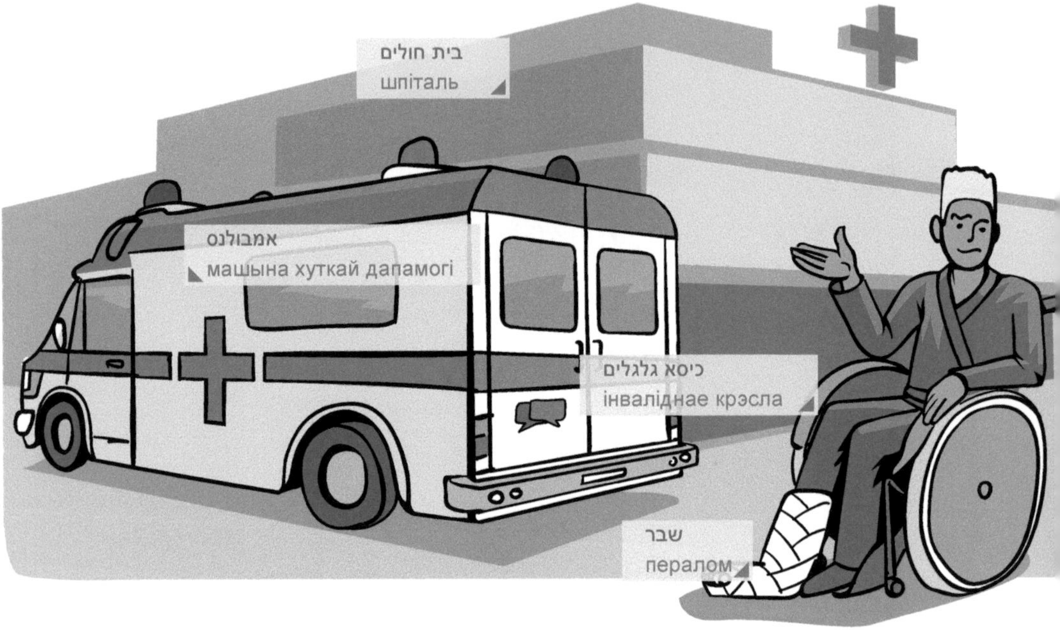

רופא

доктар

חדר מיון

аддзяленне першай дапамогі

אחות

медсястра

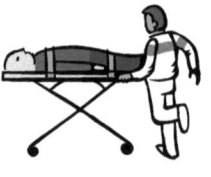

חירום

экстраная дапамога

חסר הכרה

непрытомны

כאב

боль

פציעה

траўма

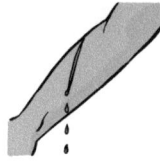

דימום

крывацёк

התקף לב

інфаркт

שבץ

апаплексія

אלרגיה

алергія

שיעול

кашаль

חום

гарачка

שפעת

грып

שלשול

панос

כאב ראש

галаўны боль

סרטן

рак

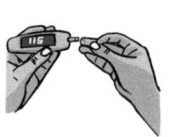

סוכרת

дыябет

מנתח

хірург

אזמל

скальпель

ניתוח

аперацыя

סי-טי

КТ

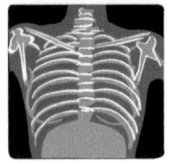

רנטגן

рэнтген

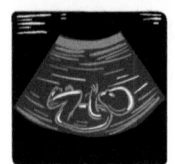

אולטרסאונד

ультрагук

מסיכת פנים

маска

מחלה

хвароба

חדר המתנה

пачакальня

קבה

мыліца

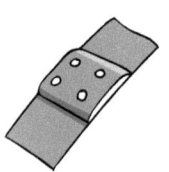

פלסטר

пластыр

תחבושת

бінт

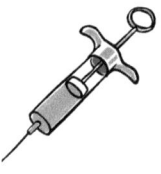

זריקה

ін'екцыя

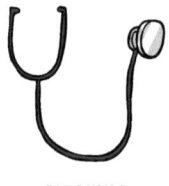

סטטוסקופ

стэтаскоп

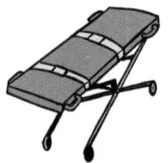

אלונקה

насілкі

מד חום

градуснік

לידה

нараджэнне

עודף משקל

лішняя вага

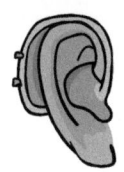

מכשיר שמיעה

слухавы апарат

מחטא

дэзінфекцыйны сродак

זיהום

інфекцыя

נגיף

вірус

איידס

ВІЧ/СНІД

תרופה

лекі

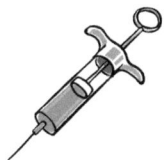

חיסון

прышчэпка

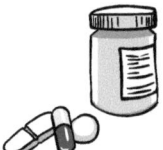

טבליות

таблеткі

גלולה

супрацьзачаткавая таблетка

קריאת חירום

экстраны выклік

מד לחץ דם

танометр

חולה / בריא

хворы / здаровы

חירום

экстраная дапамога

הצילו!

Ратуйце!

אזעקה

сігналізацыя

פשיטה

напад

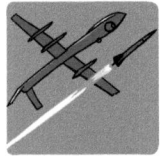

תקיפה

атака

סכנה

небяспека

יציאת חירום

аварыйны выхад

אש!

Пажар!

מטף כיבוי

вогнетушыцель

תאונה

аварыя

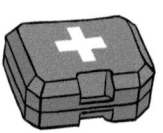

ערכת עזרה ראשונה

аптэчка

הצילו!

СОС

משטרה

паліцыя

אירופה

Еўропа

צפון אמריקה

Паўночная Амерыка

דרום אמריקה

Паўднёвая Амерыка

אפריקה

Афрыка

אסיה

Азія

אוסטרליה

Аўстралія

האוקיינוס האטלנטי

Атлантычны акіян

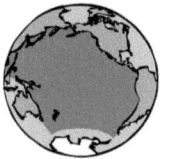

האוקיינוס השקט

Ціхі акіян

האוקיינוס ההודי

Індыйскі акіян

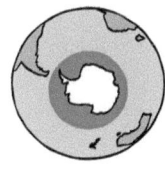

האוקיינוס האנטרקטי

Паўднёвы ледавіты акіян

האוקיינוס הארקטי

Паўночны ледавіты акіян

הקוטב הצפוני

Паўночны полюс

הקוטב הדרומי

Паўднёвы полюс

אנטארקטיקה

Антарктыда

כדור הארץ

Зямля

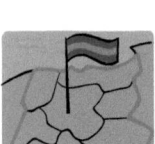

אדמה

краіна

ים

мора

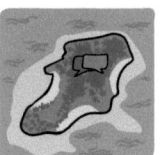

אי

востраў

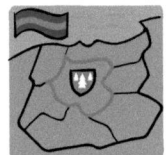

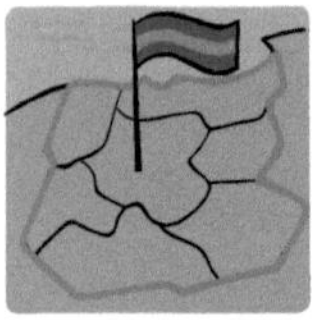

לאום

нацыя

מדינה

дзяржава

שעון

гадзіннік

פני השעון

цыферблат

מחוג השעות

гадзінная стрэлка

מחוג הדקות

хвілінная стрэлка

מחוג השניות

секундная стрэлка

מה השעה?

Колькі часу?

יום

дзень

זמן

час

עכשיו

зараз

שעון דיגיטלי

электронны гадзіннік

דקה

хвіліна

שעה

гадзіна

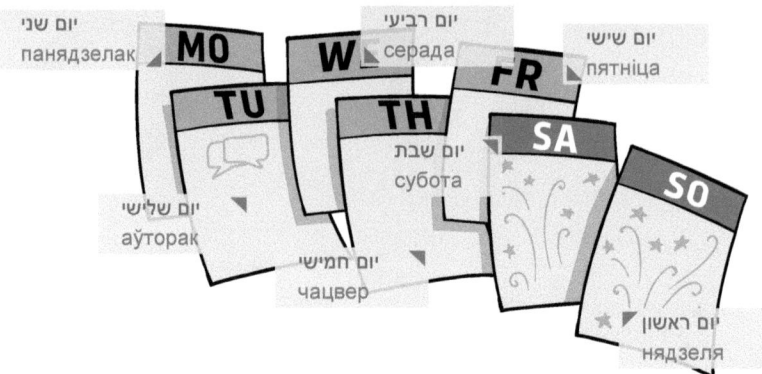

שבוע
тыдзень

יום שני
панядзелак
יום שלישי
аўторак
יום רביעי
серада
יום חמישי
чацвер
יום שישי
пятніца
יום שבת
субота
יום ראשון
нядзеля

אתמול

ўчора

היום

сёння

מחר

заўтра

בוקר

раніца

צהריים

абед

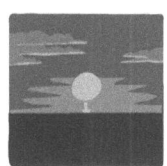

ערב

вечар

ימי עבודה

працоўныя дні

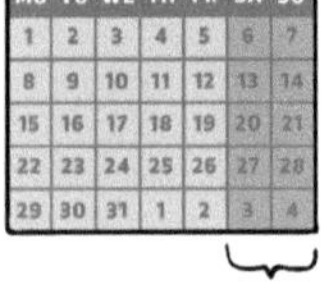

סוף שבוע

выхадныя

שנה

год

קשת בענן
вясёлка
גשם
дождж
שלג
снег
רוח
вецер
אביב
вясна
סתיו
восень
קי'ץ
лета
חורף
зіма

4.APRIL 11°
5.APRIL 4°
6.APRIL 13°
7.APRIL 8°
8.APRIL 10°

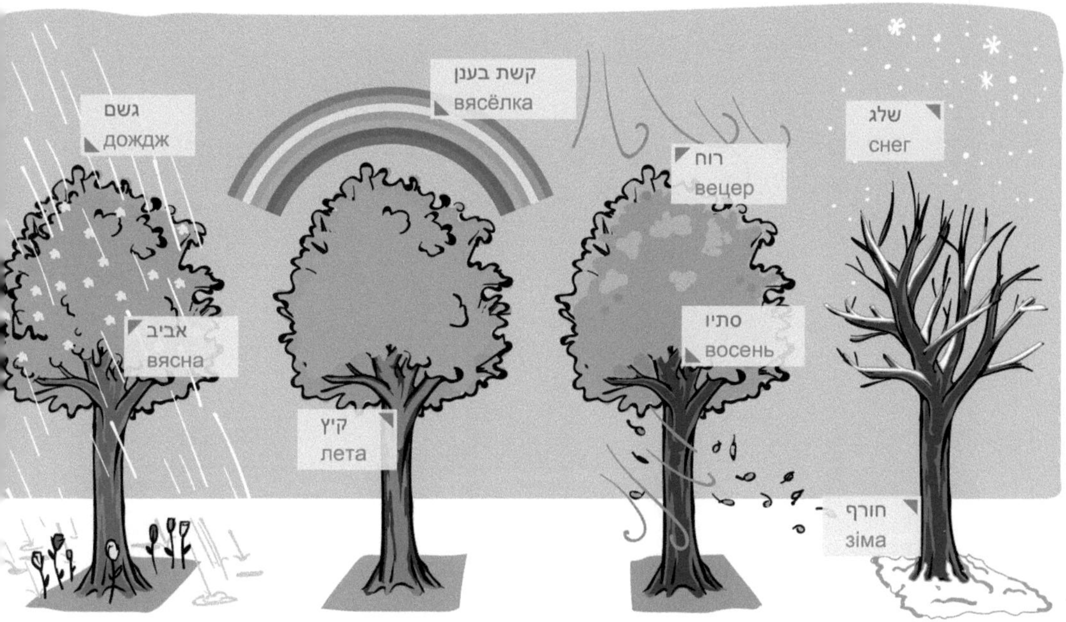

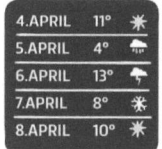

תחזית מזג האוויר

прагноз надвор'я

F
C
120
90
60
30
0
-30
40
30
20
10
0
-10
-20

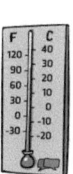

מד חום

градуснік

אור שמש

сонечнае святло

ענן

воблака

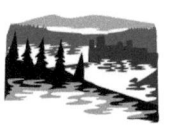

ערפל

туман

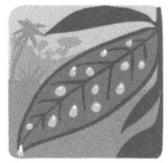

לחות

вільготнасць паветра

ברק
....
маланка

רעם
....
гром

סערה
....
бура

ברד
....
град

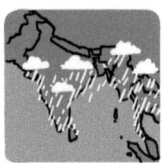

רוח עונתי
....
мусонны вецер

שיטפון
....
прыліў

קרח
....
лёд

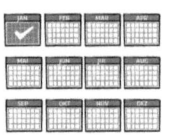

ינואר
....
студзень

פברואר
....
люты

מרץ
....
сакавік

אפריל
....
красавік

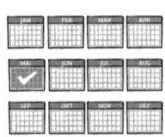

מאי
....
май

יוני
....
чэрвень

יולי
....
ліпень

אוגוסט
....
жнівень

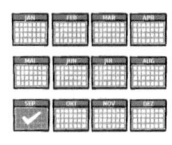

ספטמבר

....

верасень

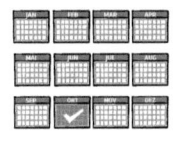

אוקטובר

....

кастрычнік

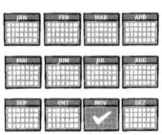

נובמבר

....

лістапад

דצמבר

....

снежань

צורות

формы

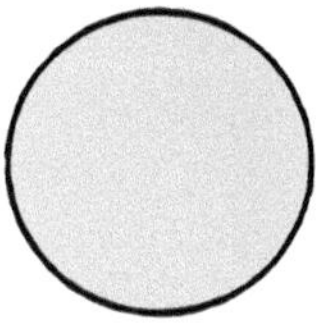

עיגול

....

круг

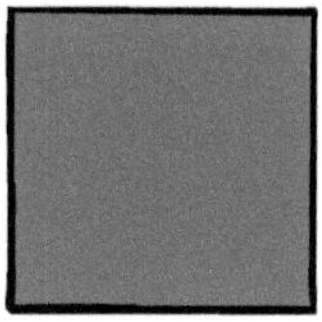

מרובע

....

квадрат

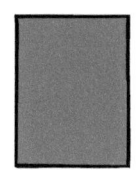

מלבן

....

прамавугольнік

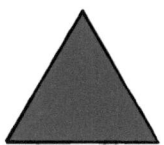

משולש

....

трохвугольнік

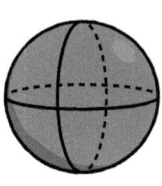

כדור

....

шар

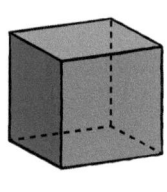

קובייה

....

куб

צבעים

колеры

לבן

белы

צהוב

жоўты

כתום

аранжавы

ורוד

ружовы

אדום

чырвоны

סגול

фіялетавы

כחול

сіні

ירוק

зялёны

חום

карычневы

אפור

шэры

שחור

чорны

הפכים
супрацьлегласці

יפה / מכוער

прыгожы / брыдкі

כועס / רגוע

злы / добры

הרבה / מעט

шмат / мала

בהיר / כהה

светлы / цёмны

גדול / קטן

высокі / малы

התחלה / סוף

пачатак / канец

שלם / חלקי

поўны / няпоўны

נקי / מלוכלך

чысты / брудны

אח / אחות

сястра / брат

רחב / צר

шырокі / вузкі

מת / חי

мёртвы / жывы

יום /לילה

дзень / ноч

אכיל / לא אכיל

ядомы / неядомы

רשע / טוב לב

злы / добры

מתרגש / משועמם

узбуджаны / нудны

שמן / רזה

тоўсты / тонкі

ראשון / אחרון

першы / апошні

חבר / אויב

сябар / вораг

מלא / ריק

поўны / пусты

קשה / רך

цвёрды / мяккі

כבד / קל

важкі / лёгкі

רעב / צמא

голад / смага

חולה / בריא

хворы / здаровы

בלתי-חוקי / חוקי

нелегальны / легальны

נבון / טיפש

разумны / дурны

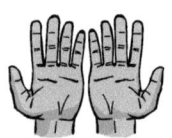

שמאל / ימין

левы / правы

קרוב / רחוק

побач / далёка

חדש / משומש

новы / былы ва ўжыванні

כלום / משהו

нічога / нешта

זקן / צעיר

стары / малады

פעיל / כבוי

укл / выкл

פתוח / סגור

адчынены / зачынены

שקט / רועש

ціхі / гучны

עשיר / עני

багаты / бедны

נכון / שגוי

правільна / няправільна

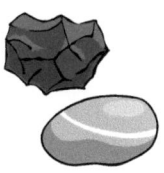

מחוספס / חלק

шурпаты / гладкі

עצוב / שמח

сумны / шчаслівы

קצר / ארוך

кароткі / доўгі

איטי / מהיר

павольны / хуткі

רטוב / יבש

вільготны / сухі

חם / קר

цёплы / халаднаваты

מלחמה / שלום

вайна / мір

מספרים

лічбы

0

אפס

нуль

1

אחת

адзін

2

שתיים

два

3

שלוש

тры

4

ארבע

чатыры

5

חמש

пяць

6

שש

шэсць

7

שבע

сем

8

שמונה

восем

9

תשע

дзевяць

10

עשר

дзесяць

11

אחת-עשרה

адзінаццаць

12
שתים-עשרה

дванаццаць

13
שלוש-עשרה

трынаццаць

14
ארבע-עשרה

чатырнаццаць

15
חמש-עשרה

пятнаццаць

16
שש-עשרה

шаснаццаць

17
שבע-עשרה

сямнаццаць

18
שמונה-עשרה

васямнаццаць

19
תשע-עשרה

дзевятнаццаць

20
עשרים

дваццаць

100
מאה

сто

1.000
אלף

тысяча

1.000.000
מיליון

мільён

שפות

мовы

אנגלית

англійская

אנגלית אמריקאית

англійская (Амерыка)

סינית מנדרינית

кітайская мандарынская

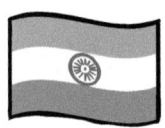

הודית

хіндзі

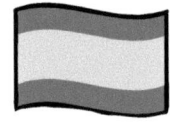

ספרדית

іспанская

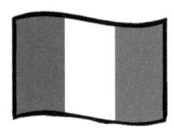

צרפתית

французская

ערבית

арабская

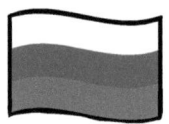

רוסית

руская

פורטוגזית

партугальская

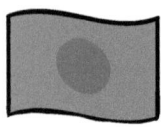

בנגלית

бенгальская

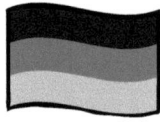

גרמנית

нямецкая

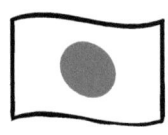

יפנית

японская

מי / מה / איך

хто / што / як

אני

я

אתה / את

ты

הוא / היא / זה

ён / яна / яно

אנחנו

мы

אתם

вы

הם

яны

מי?

хто?

מה?

што?

איך?

як?

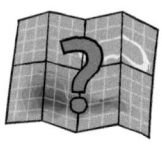

איפה?

дзе?

מתי?

калі?

שם

імя

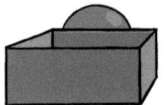

איפה
дзе

לפני

перад

בתוך

у

מאחור

за

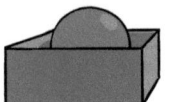

מתחת

пад

על

на

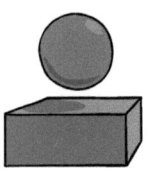

מעל

над

מקום

месца

בין

паміж

ליד

каля

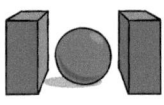

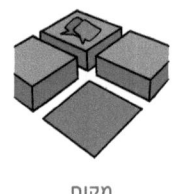